AF363782

DISCUSSION
DU PROJET
DE CODE CIVIL.

N.º 12.

SÉANCE du 26 Fructidor, an 9 de la République.

LE PREMIER CONSUL préside la séance.

Les deux autres Consuls sont présens.

Le C. RÉAL présente le titre V, intitulé *du Mariage*.

L'article I.er est soumis à la discussion ; il est ainsi conçu :

« La loi ne considère le mariage que sous ses rapports
» civils. »

Le C. RÉAL dit que cet article a été substitué à trois autres articles proposés par les rédacteurs du Projet, et qui étaient ainsi conçus :

Art. I.er « La loi ne considère le mariage que sous
» ses rapports civils et politiques. »

Art. II. « Elle ne reconnaît que le mariage contracté
» conformément à ce qu'elle prescrit. »

Art. III. « Le mariage est un contrat dont la durée
» est dans l'intention des époux, celle de la vie de l'un
» d'eux ; ce contrat peut néanmoins être résolu avant
» la mort de l'un des époux, dans les cas ou pour les
» causes déterminées par la loi. »

Le CONSUL CAMBACÉRÉS dit que cet article peut
être supprimé , parce qu'il est évident que le Code

A

civil ne considère le mariage que sous ses rapports civils.

L'article est retranché.

Le C. BIGOT-PRÉAMENEU demande qu'on conserve le second des articles que les rédacteurs du projet de Code civil avaient proposés, attendu qu'il exclut l'idée que le mariage qui n'est consacré que par le culte, est aussi reconnu par la loi.

Le CONSUL CAMBACÉRÉS propose de renvoyer cette disposition au chapitre des nullités.

Cette proposition est adoptée.

L'article II est soumis à la discussion; il porte:

« L'homme ne peut se marier avant l'âge de quinze
» ans révolus, et la femme avant celui de treize ans
» aussi révolus. »

Le C. RÉAL dit que les tribunaux d'appel de Paris et de Lyon ont demandé que l'âge requis pour se marier fût fixé à dix-huit ans pour les hommes et à quinze pour les femmes. Ces tribunaux observent que les lois qui ont avancé ce terme, ont été faites par les empereurs et pour des climats différens de celui de la France.

Le C. MALEVILLE appuie cette proposition. Il observe que des époux trop jeunes n'ont pas la maturité d'esprit et l'expérience nécessaires pour conduire leur maison; que d'ailleurs leurs enfans sont ordinairement d'une constitution faible.

Le CONSUL CAMBACÉRÉS dit que la question de l'âge ne doit être envisagée que sous le rapport du consentement réfléchi que les personnes qui se marient doivent donner à leur mariage. Les suites physiques du mariage sont trop incertaines pour devenir les bases de la loi.

Le C. MALEVILLE observe qu'en effet c'est le consentement des parens qui forme le mariage, lorsque les époux n'ont pas assez de discernement pour donner un consentement réfléchi.

Le C. BERLIER dit que l'article proposé est fondé sur un usage universellement reçu; que cet usage a pour objet de donner aux familles un moyen de couvrir, par le mariage, l'honneur de ceux en qui la nature s'est développée plutôt que chez le commun des hommes;

que l'intérêt et la condition du consentement des parens est une garantie contre les abus qu'on pourrait en faire.

Le C. RÉAL dit que l'article exige déjà un an de plus que les lois anciennes.

Le PREMIER CONSUL dit que, s'il ne serait pas avantageux que la génération toute entière se mariât à treize et à quatorze ans, il ne faut donc pas l'y autoriser par une règle générale; mais il est préférable d'ériger en régle ce qui est conforme à l'intérêt public, et de ne permettre que par une exception dont l'autorité publique serait juge, ce qui ne sert que l'intérêt particulier.

Le C. RŒDERER dit que l'usage des dispenses, loin de sauver l'honneur des familles, le compromettrait. Plusieurs causes morales préviendront ordinairement l'abus qu'on peut faire de la faculté de former des mariages entre des individus trop jeunes. Les parens tendent naturellement à conserver le plus long-temps possible leur autorité; ils veulent que l'éducation de leurs enfans s'achève; ils différent de les doter.

Le PREMIER CONSUL dit que, dans un pays où le divorce est reçu, on ne peut espérer la durée des mariages si on permet de les contracter presqu'au sortir de l'enfance. Même avant que le divorce fût usité en France, on mariait rarement des enfans de treize à quatorze ans; ou si de grands intérêts déterminaient à former de telles unions, on séparait les époux jusqu'à ce qu'ils eussent atteint l'âge d'une maturité plus avancée. Il serait bizarre que la loi autorisât des individus à se marier avant l'âge où elle permet de les entendre comme témoins, ou de leur infliger les peines destinées aux crimes commis avec un entier discernement.

Le C. RŒDERER observe que l'extrême liberté du divorce sera probablement restreinte; et que quand elle existerait, elle deviendrait pour beaucoup de familles un motif de ne pas consentir à des mariages prématurés; que, d'un autre côté, les principes religieux seront un frein contre les abus.

Le PREMIER CONSUL dit que ce système serait peut-être le plus sage, qui n'autoriserait le mariage qu'à vingt-un ans pour les hommes et à quinze pour les filles.

Le C. Tronchet dit que la loi pourra sans inconvénient différer le mariage jusqu'à ces âges, si, d'ailleurs, elle établit un moyen de faire des exceptions à la règle générale.

L'article est rejeté ; et le Conseil adopte en principe que le mariage ne sera permis qu'à dix-huit ans aux hommes et à quinze ans aux femmes, à moins qu'ils n'obtiennent des dispenses pour les contracter plutôt.

L'article III est soumis à la discussion ; il est ainsi conçu :

« Sont incapables de contracter mariage,

» 1.° L'interdit pour cause de démence et de fureur ;

» 2.° Les sourds-muets de naissance, à moins qu'il » ne soit constaté qu'ils sont capables de manifester » leur volonté ;

» 3.° L'individu frappé d'une condamnation empor-» tant mort civile, même pendant la durée de temps » qui lui est accordée pour purger la contumace. »

Le Premier Consul demande pourquoi le mariage serait interdit au sourd-muet.

Le C. Réal répond qu'il est admis à se marier lorsqu'il est capable de donner un consentement.

Le C. Defermon observe que la section exclut, par une disposition générale, le sourd-muet de naissance, et ne l'admet que par exception, quoique tous les sourds-muets sachent exprimer leur volonté.

Le Premier Consul dit que le mariage étant un contrat, et tout contrat se formant par le consentement, on conçoit que celui qui ne peut exprimer son consentement ne peut pas se marier ; mais le sourd-muet de naissance, en voyant son père et sa mère, a connu la société du mariage ; il est toujours capable de manifester la volonté de vivre comme eux ; et alors, pourquoi aggraver son malheur en ajoutant des privations à celles que lui a imposées la nature !

Le Consul Cambacérés dit que puisque l'article n'a pour objet que d'expliquer que les sourds-muets ne peuvent se marier que lorsqu'ils peuvent consentir, sa disposition se confond avec celle de l'article IV. On peut donc se borner à ce dernier.

Le C. Regnaud (de Saint-Jean-d'Angely) dit que

(5)

l'article est devenu encore plus inutile depuis que l'on
a découvert l'art de faire expliquer les sourds-muets.

Le PREMIER CONSUL demande pourquoi la priva-
tion de l'ouïe et de la parole serait un empêchement
au mariage plutôt que d'autres infirmités qui peuvent
également y avoir rapport.

Le C. FOURCROY dit qu'il y aurait plus de motifs
de déclarer incapables de mariage ceux qui sont atteints
de maladies héréditaires ou de vices de conformation.

Le C. RÉAL répond que la section a suivi la
déclaration de 1636, qui parle des sourds-muets de
naissance.

Le C. BIGOT-PRÉAMENEU dit que l'article est
inutile, s'il n'explique le mode suivant lequel le sourd-
muet pourra donner son consentement.

Le C. RÉAL répond que la disposition qui réglera
ce mode doit être placée parmi les dispositions qui
déterminent la forme de la célébration des mariages.

Le C. PORTALIS dit que la rédaction de l'article
doit être renversée ; qu'au lieu d'établir en principe
général que les sourds-muets ne pourront pas se marier,
et de ne leur en donner la capacité que par voie d'exception, il conviendrait, au contraire, de poser la
règle générale que les sourds-muets sont capables de se
marier, et de convertir ensuite en exceptions les inca-
pacités particulières où ils peuvent se trouver.

Au surplus, la jurisprudence n'a jamais eu de diffi-
cultés à lever que par rapport à la comparution des
sourds-muets en justice. Leur mariage n'a pas causé
d'embarras. Ils sont entourés d'une famille, d'amis, qui
attestent le consentement qu'ils expriment par leurs
signes.

Le C. RÉAL dit qu'on ne pourra se dispenser de
régler la manière dont ils devront exprimer leur consentement.

Le C. REGNAUD (de Saint-Jean-d'Angely) observe
que depuis la découverte de l'art de faire expliquer les
sourds-muets, on suppose tellement la possibilité de
les comprendre, qu'on ne leur nomme plus de cura-
teurs lorsqu'ils sont traduits en justice.

A 3

Le C. PORTALIS blâme cet usage, parce que, dit-il, il importe de maintenir les formes instituées pour la sûreté des accusés. Mais il serait injuste de frapper les sourds-muets d'interdiction dans les facultés que leur a laissées la nature : il vaudrait mieux que la loi gardât le silence sur leur mariage.

Le C. TRONCHET dit que la loi ne peut se dispenser de s'en expliquer. Les sourds-muets ne pouvant être admis indistinctement à contracter, il est impossible de leur donner, pour le plus important des contrats, la capacité indéfinie qu'on ne peut leur laisser à l'égard des autres. Et même, si on suivait rigoureusement les principes, il faudrait pour les y admettre, exiger la preuve qu'ils connaissent les suites que doit avoir, par rapport à la femme, aux enfans, à la société, l'engagement qu'ils contractent, et qu'ils se soumettent à toutes ces obligations. Les sourds-muets éduqués ont sans doute ce degré d'intelligence, mais tous doivent manifester qu'ils sont instruits de la nature de l'engagement qu'ils contractent ; car l'intérêt détermine plus souvent que le goût, à épouser un individu affecté d'une infirmité aussi gênante : on doit donc être en garde contre cet intérêt, et contre les séductions qu'il essaie pour extorquer un consentement dont les conséquences ne sont pas aperçues par celui qui le donne.

Le PREMIER CONSUL dit qu'il ne suffit pas d'être en garde contre l'intérêt que des étrangers peuvent avoir de séduire le sourd-muet ; qu'il convient également de ne pas perdre de vue l'intérêt que peut avoir sa famille à l'empêcher de se marier.

Le C. PORTALIS dit que la loi n'a pas le pouvoir de changer la nature ni la destinée des hommes. Celle du sourd-muet l'expose inévitablement, par rapport au mariage, à divers dangers dont la loi ne l'affranchira jamais. Elle doit donc se borner à le déclarer incapable de se marier, lorsqu'il ne peut manifester son consentement. Si elle se rend plus difficile, elle met le sourd-muet dans un état d'interdiction plus pénible même qu'un mariage hasardé.

Le C. RŒDERER dit qu'un sourd-muet qui serait privé de sa famille, se trouverait trop heureux d'avoir le secours d'une compagne. Elle l'abandonnera toujours moins que des mercenaires.

Le Premier Consul dit que l'article pourrait se taire sur les sourds - muets, puisqu'ils sont capables de se marier sous la condition commune à tous de donner leur consentement ; qu'il pourrait se borner à dire comment ils exprimeront qu'ils consentent au mariage.

Le Consul Cambacérés propose de supprimer l'article. Les dispositions qu'il contient ne sont que des conséquences naturelles de la règle générale, qui exige pour le mariage un consentement valable.

L'article est retranché. Il sera remplacé par une disposition sur la manière dont les sourds - muets de naissance exprimeront leur consentement.

Cette disposition sera placée au chapitre relatif à la célébration des mariages.

L'article IV est soumis à la discussion ; il est ainsi conçu :

« Le mariage n'est pas valable, si les deux époux » n'y ont pas donné un consentement libre.

» Il n'y a point de consentement,

» 1.º S'il y a eu violence ;

» 2.º S'il y a eu erreur dans la personne que l'une » des parties avait eu intention d'épouser ;

» 3.º S'il y a eu rapt, à moins que le consentement » n'ait été donné par la personne ravie, après qu'elle » a eu recouvré sa pleine liberté. »

Le C. Rœderer observe que les lois anciennes ne donnaient au consentement de la personne ravie l'effet de valider son mariage, que dix ans après qu'elle avait recouvré sa pleine liberté.

Cette disposition était sage. Le mot *rapt* est générique ; il désigne également le rapt de violence et le rapt de séduction. L'un et l'autre, tant qu'il dure, doit être un empêchement au mariage ; mais le rapt de violence est le seul dont on puisse reconnaître la cessation d'une manière certaine.

Le C. Réal répond que, depuis cinq ans, on ne reconnaît plus en France le rapt de séduction.

Le Consul Cambacérés dit qu'il faudra examiner s'il ne convient pas de rendre leur force aux anciennes lois relatives à ce délit.

Le C. Portalis convient de la distinction établie

par le C. *Rœderer :* mais, ajoute t-il, le rapt de séduction ne peut avoir lieu qu'à l'égard du mineur. Il est commis contre la famille de la personne séduite. Le rapt de violence est donc le seul que la loi doive reconnaître d'une manière absolue ; elle ne doit voir le rapt de séduction que par rapport à la famille : or, comme il ne peut avoir lieu qu'en la personne d'un mineur, la loi a pourvu à l'intérêt de la famille, en décidant que le consentement du mineur ne suffit pas pour valider son mariage. La disposition de l'article a donc toute l'étendue qu'elle doit avoir; elle ne doit s'appliquer qu'au rapt proprement dit.

Un motif politique a été le principe de la disposition qui ne permettait le mariage entre le ravisseur et la personne ravie que dix ans après la cessation du rapt; on a voulu empêcher ce qu'on nommait alors des *mésalliances.* Cette incapacité avait été substituée, par le chancelier *d'Aguesseau ,* à la jurisprudence vicieuse qui, laissant au ravisseur l'option entre le mariage et l'échafaud, le favorisait par cette alternative même. La peine de mort était trop forte : cependant, comme il était nécessaire de conserver la terreur qu'elle inspirait, M. *d'Aguesseau* la laissa subsister, en la restreignant au commerce illicite, qu'il distingua du rapt; et il donna au rapt l'effet d'annuller le mariage, et d'établir une incapacité de dix ans. Le motif d'empêcher les mésalliances telles qu'on les concevait alors , ne subsiste plus; mais il est encore nécessaire d'empêcher que des aventuriers ne viennent troubler les familles honnêtes : or, la loi veille autant qu'elle le doit à l'intérêt des familles; elle prévient le vol qui leur est fait par la *séduction* d'un mineur , lorsqu'elle déclare nul le mariage que ce mineur a contracté sans l'aveu de ses parens. L'article que l'on discute ne devait donc plus s'occuper que du rapt proprement dit.

Le C. Rœderer dit que, puisque l'intérêt de s'introduire dans une famille opulente est encore aujourd'hui un appât pour les intrigans , il convient de leur opposer une barrière plus forte que la nécessité d'obtenir le consentement du tuteur. Ce tuteur peut se laisser corrompre.

Le C. Réal observe que le consentement du tuteur seul ne suffit pas pour valider le mariage du mineur.

Le C. Rœderer se rend à cette observation.

Le Premier Consul dit que la rédaction de l'article n'est pas exacte. Il n'y a pas de mariage, où il n'y a pas de consentement libre ; l'article semble cependant supposer qu'il y a, en ce cas, un mariage, mais qu'il n'est pas valable.

Le C. Boulay propose de rédiger ainsi : « Il n'y a » pas de mariage, si les deux époux n'y ont pas donné » un consentement libre. »

Le C. Portalis observe qu'il y a un consentement apparent toutes les fois que les parties ont contracté en présence de l'officier public ; que si ce consentement se soutient après que la personne ravie a recouvré sa liberté, il valide le mariage ; qu'il ne serait donc pas exact de dire que, dans ce cas, il n'y a pas de mariage, puisqu'il y a un principe de mariage qui rend le mariage valable après un certain temps.

Le Premier Consul dit que la rédaction semble ne concerner que les mariages faits hors de la présence de l'officier civil ; que cependant il est possible que le consentement donné devant cet officier n'ait pas été libre.

Le Ministre de la Justice dit que cette considération avait porté les rédacteurs du projet de Code à employer l'expression *consentement libre et formel*.

Le C. Tronchet dit qu'en effet les menaces faites par des parens avant qu'on se présente à l'officier civil, ont pu forcer le consentement de l'un des époux : c'est ainsi qu'autrefois on ne laissait à une jeune fille que l'option entre un couvent et la personne qu'on lui offrait pour époux.

Le Premier Consul dit que l'article devrait être rédigé de manière à prévenir ces sortes de violences. Quand elles ont eu lieu, il y a un acte civil ; mais il est nul, car il n'y a pas de mariage là où il n'y a pas de consentement libre ; et l'on ne peut pas regarder comme tel le consentement d'un individu violenté par sa famille : il faudrait même chercher une expression qui rendît mieux cette idée que l'expression *consentement libre.*

Le Consul Cambacérés préfère l'expression des rédacteurs du projet de Code civil à celle qui a été employée par la section.

Le C. Réal dit que le mot *formel* est inutile, parce que l'officier de l'état civil ne célébrerait pas le mariage, si le consentement n'était exprimé dans la forme établie par la loi, et que c'est là tout ce que signifie le mot *formel.*

Le C. Portalis dit que la nécessité du consentement formel est déjà établie par le titre relatif aux actes de l'état civil ; mais qu'un consentement formel n'étant pas toujours un consentement libre, le mot *formel* ne rendrait pas l'idée qu'on veut exprimer.

Le Premier Consul dit qu'on pourrait décider d'abord qu'il n'y a pas de mariage, quand le consentement n'a pas été donné dans les formes prescrites par le titre relatif aux actes de l'état civil ; ensuite, qu'il n'y a pas de consentement lorsqu'il y a violence, séduction ou erreur.

Le C. Réal observe que, dans la jurisprudence actuelle, l'erreur ne vicie le mariage que lorsqu'elle porte sur l'individu, et non quand elle ne tombe que sur le nom ou sur les qualités.

Le Premier Consul dit que le nom, les qualités, la fortune, entrent dans les motifs qui déterminent le choix d'un époux ou d'une épouse. L'erreur sur ces circonstances détruit donc le consentement, quoiqu'il n'y ait pas d'erreur sur l'individu.

Ainsi, tout se réduit à ceci :

Le mariage est valable lorsque les formes ont été observées, et qu'il n'y a eu violence ni erreur sur la personne.

Le mariage doit être cassé si les formes n'ont pas été observées, ou s'il y a eu violence ou erreur.

Le C. Tronchet dit que les tribunaux ont pensé qu'une loi qui déclarerait nuls les mariages pour l'inobservation de toute forme quelconque, serait trop générale, parce que toutes les formes n'étant pas également essentielles, ne doivent pas être également prescrites sous peine de nullité.

Le Premier Consul partage cette opinion. La loi, dit-il, doit spécifier les formes dont l'inobservation entraîne la nullité du mariage, et les distinguer de celles qui ne produisent pas le même effet.

Le C. Tronchet propose de placer le chapitre IV à la tête du projet de loi, et d'y placer l'article en discussion, ou de rédiger dans cet ordre : « Il n'y a » pas de mariage quand les formes n'ont pas été rem- » plies, sauf les exceptions ci-après. »

Le Premier Consul dit que placer l'article en discussion dans le chapitre IV, ce serait mêler ensemble les cas où il n'y a pas de mariage, et les cas où le mariage peut être cassé.

Le C. Berlier propose de dire que le consentement donné devant l'officier civil ne suffit pas pour former le mariage, toutes les fois qu'il y a violence, erreur ou séduction.

Le C. Réal observe que n'y ayant pas de consentement lorsqu'il y a erreur, séduction ou violence, on peut se réduire à la disposition qui exige le consentement.

Le C. Bigot-Préameneu propose la rédaction suivante : « Il n'y pas de mariage lorsqu'il n'y pas de » consentement ; il n'y a pas de consentement lorsqu'il » y a violence, séduction ou erreur sur la personne.» Cette proposition est adoptée, et l'article IV rejeté.

L'article V est adopté ; il est ainsi conçu : « Avant la dissolution légale du premier mariage, on » ne peut en contracter un second. »

L'article VI est soumis à la discussion ; il est ainsi conçu : » Le fils de famille qui n'a pas atteint l'âge de vingt- » cinq ans accomplis, la fille de famille qui n'a pas » atteint l'âge de vingt-un ans accomplis, ne peuvent » contracter mariage sans le consentement de leur père » et de leur mère ; en cas de dissentiment, le consen- » tement du père suffit. »

Le Consul Cambacérés demande qu'on ne se serve pas de l'expression inusitée *fille de famille*, mais qu'on emploie cette expression générique, *ceux qui sont en puissance paternelle*.

Le C. Réal observe que l'expression proposée ne s'étendrait pas aux enfans nés hors mariage.

Le Consul Cambacérés dit qu'on pourrait décider en général que le mariage du mineur n'est valable que lorsque son père y a donné son consentement.

Le C. Tronchet dit que cette rédaction ne serait pas parfaitement exacte, attendu que le défaut de consentement du père n'empêche pas qu'il y ait un mariage, mais qu'il donne seulement au père le droit de le faire casser.

Le Consul Cambacérés dit que c'est là le sens de la disposition qu'il propose.

Le C. Boulay dit qu'il existe d'autres articles sur le consentement des parens, et que celui-ci n'en doit pas être séparé.

Le Consul Cambacérés y consent, pourvu qu'on retranche l'expression *fille de famille*.

Le C. Boulay dit que la section n'a pas cru devoir se servir, avec les rédacteurs du Projet de code, du mot générique *enfans*, parce qu'il établit, entre les mâles et les filles, une différence quant à l'âge où le consentement de la famille cesse de leur être nécessaire.

Le C. Réal dit que cette distinction est demandée par tous les tribunaux.

Le C. Portalis ajoute qu'elle est dans le vœu de la nature, qui a rendu les filles plus précoces que les garçons.

L'article est adopté, sauf rédaction.

L'article VII est soumis à la discussion ; il porte :
« Si l'un des deux est mort, ou s'il est dans l'impossi-
» bilité de manifester sa volonté, le consentement de
» l'autre suffit, encore qu'il ait contracté un second
» mariage. »

Le C. Defermon demande que la disposition ne soit pas étendue au père ou à la mère qui a contracté un second mariage.

Le C. Réal dit que la règle générale le veut ainsi ; que cependant elle doit fléchir devant les circonstances particulières.

Le C. Regnaud (de Saint-Jean-d'Angely) ajoute que si l'on ne laisse au père qui s'est remarié tous les

droits qu'il tient de la nature, on sera fort embarrassé
le régler, dans le même cas, les effets de la puissance
paternelle.

Le Consul Cambacérés dit que toutes ces ques-
tions sont naturellement subordonnées aux dispositions
qu'on adoptera sur le divorce.

L'article est adopté avec le retranchement demandé
par le C. *Defermon.*

L'article VIII est ajourné jusqu'après la discussion
du divorce ; cet article est ainsi conçu :

« Néanmoins, si l'époux a contracté un second ma-
» riage après un divorce prononcé contre lui; si le
» divorce a été prononcé pour cause déterminée et
» prouvée, ou obtenu par lui sans cause déterminée,
» le conseil de famille sera légalement assemblé pour
» délibérer sur le consentement à donner au mariage de
» l'enfant qui n'a pas l'âge ci-dessus déterminé. »

L'article IX est soumis à la discussion ; il est ainsi
conçu :

« Si le père et la mère sont morts, ou s'ils sont dans
» l'impossibilité de manifester leur volonté, les aïeuls
» et aïeules les remplacent : s'il y a dissentiment entre
» eux, la majorité ou le partage des voix emporte
» consentement. »

Le C. Réal dit que la section a voulu prévenir
tous les doutes, en décidant positivement que les autres
parens ne seraient pas admis à délibérer avec les pères,
mères, aïeuls et aïeules.

L'article est adopté.

L'article X porte : « Les enfans de famille majeurs
» ne sont point dispensés de demander, par un acte
» respectueux et formel, le conseil de leur père et de
» leur mère, ou celui de leurs aïeuls ou aïeules, lorsque
» leur père et leur mère sont décédés, ou dans l'im-
» possibilité de manifester leur volonté. »

Le Consul Cambacérés demande qu'on ne se
serve pas de cette expression, *ne sont point dispensés ;* ce
n'est pas là le langage des lois.

Le C. Tronchet demande qu'on dise, « les enfans
de famille majeurs par rapport au mariage. »

Le CONSUL CAMBACÉRÉS propose de dire : « Les
» enfans de famille, quoiqu'ils aient atteint l'âge où
» il leur est permis de se marier sans le consentement
» de leur père, sont tenus de le demander.... »
L'article est adopté, sauf rédaction.

L'art. XI est adopté ainsi qu'il suit : » Les dispositions
» contenues aux art. VI, VII, VIII, IX et X, sont
» applicables aux enfans naturels légalement reconnus.

Le C. RÉAL, au nom de la section de législation,
propose l'article additionnel suivant :

Le C. RÉAL dit que la section a cru moral de donner
un tuteur au mineur né hors mariage, qui veut se marier
et dont le père est inconnu. Ce mode couvre la trace
de l'illégitimité de sa naissance, et appelle ses amis à délibérer sur son mariage.

Le C. DEFERMON dit que l'intérêt de la société,
n'exigeant pas qu'elle s'occupe du mariage de l'individu
né hors mariage, elle doit le laisser user librement des
droits que lui donne sa position. Il n'appartient à personne.

Le C. TRONCHET répond que c'est pour l'intérêt
du mineur lui-même qu'on lui nomme un tuteur. Il ne
peut ni contracter ni disposer sans autorisation ; comment
pourrait-il se marier sans y être autorisé !

Le C. RÉAL ajoute que tout mineur, pour se marier, devant représenter le consentement de son père,
la dispense accordée à l'enfant illégitime faciliterait la
fraude aux mineurs nés d'une union légale : pour ne
pas représenter le consentement de leur père, ils se sup-
poseraient nés hors mariage.

Le C. BOULAY dit que le consentement des pères et des tuteurs n'est pas moins exigé pour l'intérêt du mineur que pour l'intérêt des familles; que la société doit à l'enfant illégitime une protection plus spéciale, parce qu'il est privé de tout autre appui.

Le C. RÉAL dit qu'il serait toujours nécessaire de lui donner un tuteur pour régler les conventions matrimoniales.

Le C. DEFERMON dit qu'il est rare qu'un enfant illégitime ait quelques biens lorsque son père est inconnu.

Le C. EMMERY répond qu'un père avantage souvent ses enfans illégitimes, sans cependant les reconnaître; qu'il en est même qu'on ne peut reconnaître: tels sont les adultérins.

L'article est adopté.

L'art. XII est adopté; il est ainsi conçu:

« S'il n'y a ni père ni mère, ni aïeuls ni aïeules,
» ou s'ils se trouvaient tous dans l'impossibilité de
» manifester leur volonté, les mineurs de vingt-un ans
» ne peuvent se marier que sur le consentement donné
» par le conseil de famille. »

L'art. XIII est ainsi conçu:

« En ligne directe, le mariage est prohibé entre les
» parens légitimes ou naturels et les alliés au même
» degré. »

Le C. REGNAUD (de Saint-Jean-d'Angely) dit que l'article n'indique pas assez clairement entre quels alliés le mariage est défendu. Il demande que, pour faire cesser l'équivoque, on ajoute à ces mots, *en ligne directe,* ceux-ci, *ascendans et descendans.*

L'article est adopté avec cet amendement.

L'art. XIV est soumis à la discussion; il porte:

» En collatérale, le mariage est prohibé entre le frère
» et la sœur légitimes ou naturels. »

Le CONSUL CAMBACÉRÉS demande si la prohibition établie par cet article doit être étendue aux alliés.

Le C. RÉAL dit que cette extension est dans le vœu de la minorité de la section.

Le C. **Portalis** expose les motifs de la minorité de la section.

Il dit que les prohibitions civiles des mariages entre collatéraux et entre alliés, sont fondées,

1.º Sur l'intérêt de multiplier les alliances ;

2.º Sur la nécessité de prévenir la corruption de mœurs qui se glisse facilement à la suite des communications familières, lorsque le mariage peut en effacer la honte ;

3.º Sur l'intérêt de ne pas laisser dégénérer les races : car l'expérience a prouvé que cet effet suit ordinairement les mariages entre individus de la même famille ; les mariages des princes en ont fourni des exemples.

Les prohibitions ne viennent pas des lois ecclésiastiques ; on retrouve les plus anciennes dans les lois grecques et romaines : celle du mariage entre la tante et le neveu a été faite par *Théodose.* Les lois ecclésiastiques ne les ont adoptées que fort tard, et quand elles se mêlèrent des mariages ; jusque-là les souverains seuls en accordaient les dispenses. La première dispense qui a été donnée par l'autorité ecclésiastique, fut celle que *Pascal II* accorda au roi de France sur la fin du onzième siècle. Les princes n'eurent recours au pape que parce qu'il leur parut inconvenant de se dispenser eux-mêmes des lois qu'ils avaient établies ; mais ils n'en conservèrent pas moins leurs droits. On trouve encore dans *Cassiodore* et dans *Marculfe* les formules dont ils se servaient. Les prohibitions et les dispenses appartiennent donc en entier au droit civil : or, la minorité de la section n'a vu aucun intérêt à limiter des prohibitions consacrées par l'assentiment de tant de siècles, et fondées sur des motifs puissans, ni à priver le Gouvernement du droit d'en dispenser.

Le C. **Emmery** répond que la majorité de la section ne conteste pas le droit qu'a le Gouvernement d'accorder des dispenses ; mais elle a cru que la législation relative aux prohibitions devait rester dans l'état où elle est aujourd'hui, pour ne jeter ni défaveur ni inquiétude sur les mariages actuellement contractés entre des personnes auxquelles s'étendrait la prohibition. Elle pense néanmoins que le mariage doit être défendu entre le neveu et la tante, parce que celle - ci suppléant en quelque sorte la mère, il est difficile de concilier le respect que le neveu doit à la tante avec le respect que la tante

[d]evrait au neveu s'il devenait son mari. La même raison [n]'existe pas à l'égard de l'oncle et de la nièce. Il n'y [a] aucune raison de défendre aux beaux-frères et aux [b]elles-sœurs de s'épouser ; et même l'intérêt des enfans [d]emande qu'on autorise ces unions : ils retrouvent dans [l]e frère ou dans la sœur de leur père ou de leur mère, [l]'affection et les soins de ces derniers. Quant à ce qu'on [a] dit de la nécessité de prévenir les effets des fréquen[t]ations trop faciles, si l'on adoptait cette considération, [i]l faudrait aller jusqu'à interdire le mariage entre cousine [e]t cousin.

Le CONSUL CAMBACÉRÉS dit que quoique la [s]ection appuie son système sur ce qu'elle trouve de l'inconvénient à changer la législation actuelle, elle y déroge [c]ependant elle-même en défendant le mariage entre la [t]ante et le neveu.

Le C. BOULAY dit qu'il peut y avoir des circonstances particulières qui justifient le mariage entre [b]eaux-frères et belles-sœurs ; mais que leur en donner [e]n général la faculté, c'est jeter un levain de discorde [d]ans les familles, et créer un intérêt pour ces sortes [d]'alliés de provoquer le divorce de leurs frères ou [s]œurs.

Le C. CRETET dit que la question des dispenses [n]'est pas encore suffisamment examinée. Les dispenses [n]e seront qu'une vaine formalité si la loi ne détermine [l]es cas où elles pourront être obtenues : au lieu d'être [d]es exceptions, elles deviendront bientôt la règle.

La loi doit défendre absolument ce qui est nuisible, [e]t abandonner l'usage de ce qui ne l'est pas à la discrétion des particuliers.

Le C. RÉAL dit que la majorité ne consent à la [p]rohibition du mariage entre les tantes et les neveux, [q]ue sous la condition qu'il pourra leur être accordé [d]es dispenses : elle observe que le Code prussien restreint [c]ette prohibition aux tantes plus âgées que les neveux, [e]t qu'encore il admet des dispenses pour ce cas ; que [s]i l'Église n'a pas introduit des prohibitions, ses secta[t]eurs s'en sont cependant emparés, et qu'aujourd'hui [e]lles leur appartiennent.

Le C. BOULAY dit que les prohibitions et les dis[p]enses sont tellement des institutions civiles, que *Claude* fut obligé d'obtenir un décret du sénat pour épouser sa nièce *Agrippine*. Les historiens remarquent que cet exemple ne fut pas suivi.

Le Consul Cambacérés dit qu'il s'agit principalement des mariages entre beaux-frères et belles-sœurs, et que la question est de savoir s'il y a plus d'inconvéniens à étendre jusqu'à eux les prohibitions, qu'à les laisser dans les limites qu'elles ont suivant la législation actuelle.

Les mariages qui peuvent avoir été contractés d'après les dispositions de la loi de 1792, ne sont pas des obstacles à l'extension ; il ne faut pas craindre qu'ils soient vus de mauvais œil : chacun sait que la loi ne rétroagit pas ; et c'est par cette raison qu'elle parle au futur. Ce qu'on a dit de l'intérêt des enfans , qu'on suppose retrouver une seconde mère dans leur tante, n'est exact que dans des cas fort rares : des motifs beaucoup moins respectables déterminent ordinairement ces sortes de mariages ; et dans un pays où le divorce est admis , on doit craindre que la possibilité de rompre le mariage existant, jointe à la faculté de s'épouser, ne porte les beaux-frères et les belles-sœurs au concubinage, et ne trouble l'intérieur des familles. Du moins faudrait-il ne permettre à ces alliés de s'épouser que lorsque leur premier mariage a été dissous par la mort de leur époux ou de leur épouse ; mais rien ne serait plus scandaleux que de leur permettre de s'en dégager par le divorce, pour voler ensuite dans les bras de leur beau-frère ou de leur belle-sœur. D'ailleurs, avec l'usage des dispenses, tous les inconvéniens de la prohibition disparaissent. Au surplus, si on ne veut pas admettre de prohibition absolue, qu'on distingue les cas et les hypothèses où elle aura lieu.

Le Ministre de la Justice affirme que la faculté donnée par la loi de 1792 aux beaux-frères et aux belles-sœurs, porte en effet le trouble dans les familles, et est le principe de demandes en divorce dont les tribunaux sont actuellement saisis.

Le C. Berlier admet la prohibition pour le cas où le premier mariage a été rompu par un divorce ; mais il pense qu'elle ne doit pas être étendue plus loin. Le motif apparent des dispenses était l'honnêteté publique ; mais ce motif même appellerait le déréglement , puisqu'un commerce illicite deviendrait un moyen d'obtenir des dispenses. Il vaut mieux que la loi permette ouvertement une chose qui n'est pas essentiellement mauvaise, que de dire que l'honnêteté publique la défend, et de placer cependant, à côté du précepte, un moyen légal de le violer. D'ailleurs, une expérience de dix ans a prouvé que les dispositions de la loi de 1792 n'entraînent aucun inconvénient.

Le C. TRONCHET dit que la prohibition des mariages entre beaux-frères et belles-sœurs est réclamée par les mœurs, parce qu'elle prévient les inconvéniens de la familiarité ; que cependant il ne l'adopte qu'autant qu'elle pourra être levée par dispenses ; que dans le cas contraire, il préfère qu'on permette indistinctement le mariage.

Le C. MALEVILLE dit que tous les tribunaux s'élèvent contre ces sortes de mariages.

LE PREMIER CONSUL résume les diverses propositions, et les met aux voix.

LE CONSEIL adopte,
1.º Qu'il n'y aura pas de dispenses pour les mariages entre beaux-frères et belles-sœurs ;
2.º Que ces mariages seront prohibés ;
3.º Qu'il pourra être accordé des dispenses pour les mariages entre oncles et nièces ;
4.º Que ces mariages seront prohibés ;
5.º Qu'il pourra être accordé des dispenses pour les mariages entre tantes et neveux ;
6.º Que ces mariages seront prohibés.

La Séance est levée.

À PARIS, DE L'IMPRIMERIE DE LA RÉPUBLIQUE.
12 Brumaire an X.